AF451885

ESSAI

SUR

L'ÉDUCATION

NATIONALE.

SECONDE PARTIE.

Par M. de Bry, *fils*, *de Vervins*, *Administrateur*, & *l'un des Membres du Directoire du Département de l'Aisne.*

> *Ætas noftra benè difponenti*
> *Multùm patet.*
> Senec. de brev. Vitæ.

A VERTISSEMENT.

» *O vous, qui étes l'objet de ces réflexions,*
» *vous qui me faites regretter, en ce moment,*
» *de n'avoir pas une éloquence assez vive pour*
» *vous parler dignement des vérités dont je*
» *suis pénétré ; vous enfin, que je voudrois*
» *embrâser de tous les amours honnétes, parce*
» *que vous n'en seriez que plus heureux ; sou-*
» *venez-vous sans cesse que la Patrie a des*
» *droits imprescriptibles sur vos talents, sur*
» *vos vertus, sur vos sentiments & sur toutes*
» *vos actions ; qu'en quelqu'état que vous vous*
» *trouviez, vous n'étes que des Soldats en*
» *faction, toujours obligés de veiller pour*
» *elle, & de voler à son secours au moindre*
» *danger* ». Voy. du jeune Anacharsis en
Grece, chap. 78.

ESSAI

S U R

L'EDUCATION NATIONALE

V U E   P R É L I M I N A I R E.

IL a pu convenir à des defpotes & à leurs af-
fidés, d'exagérer en pire l'idée de la condition
humaine, de nous préfenter l'homme tyrannifé par
des paffions impérieufes, fuccombant, dans la vie
fociale, fous le fardeau de l'inégalité, miné par
les fouffrances & les maladies. Il entroit dans leurs
vues de nous le montrer parcourant péniblement,
dans le cercle étroit de cette vie, une carriere de
douleurs & de peines, pour pouvoir s'écrier que
le bonheur n'exiftoit point fur la terre. C'étoit fur
les vices & les erreurs des peuples qu'étoit fondée
leur domination; il falloit donc fomenter ces vices
& renforcer ces erreurs pour la maintenir. Or,
quel meilleur moyen de tenir l'homme dans un
efclavage perpétuel, finon de lui faire croire
que fes maux, fes privations, fes efforts inutiles,
fes crimes même, fruit du crime de la tyrannie,
étoient inévitables? qu'en vain il fe tourmenteroit
à courir après un bonheur chimérique, dont le
fantôme feul erroit fur ce globe; que fa vraie

A ii

vertu, étoit de tout souffrir ? Par-là le despotisme étoit un droit, & l'insouciance politique un mérite.

Sans doute, il ne peut exister de bonheur général dans un État mal constitué, mal gouverné : mais les Constitutions politiques possibles, sont-elles toutes nécessairement défectueuses ? Si nous élevons l'homme pour être vicieux, sans doute il aura & le mal du vice, & le tourment des maladies que le vice amene ; mais pourquoi faire un crime à la nature de ce que vos institutions sont mauvaises ? L'Etre souverainement juste a attaché à notre nature finie, une mesure déterminée de bonheur réel & possible ; si les méchants princes, si les mauvais instituteurs en ont rendu l'accès difficile, il n'en est pas moins vrai que ce bonheur existe, qu'il peut redescendre à notre portée, qu'il est fait pour l'homme en société, & que donner un autre but à la création, c'est outrager la Divinité, c'est une impiété.

En qualité d'Etre raisonnable, que j'aie l'heureuse habitude de ce qui est bon & honnête : que mon cœur porte aux vertus bienfaisantes & utiles l'amour qu'elles méritent : que mon esprit ferme sache regarder comme dérivant de la nature des choses, tout ce qui est inévitable : que je ne craigne que le mal, & non l'événement ; assurément je jouis de la félicité morale appropriée à mon existence. Comme Citoyen ; si j'en ai les droits dans leur plénitude, si la loi est mon seul maître, si la volonté générale fait seule la loi ; qu'ai-je à desirer ? Je reçois tout ce que le principe de sociabilité développé peut me procurer d'avantages, tout ce que l'union sociale promet à ses membres. Quant au bonheur physique, s'il semble être le moins à notre disposition dans une société dépravée,

je crois inutile de m'arrêter à prouver qu'il l'eſt
le plus , dans celle dont les éléments ſont ſage-
ment combinés , dans celle où la tempérance &
l'hygiene ſont ſoignées comme des vertus d'État ;
dans celle , ſur-tout , dont l'éducation fait la baſe.
Les anciens Perſes , les Romains , les Spartiates
en ſont l'exemple. Je ne ſache point que chez ces
derniers , nommément , il y ait jamais eu d'autre
médecin que la gymnaſtique & la nature.

L'homme peut être heureux : cette grande &
conſolante vérité prend naturellement ſa place à
cette époque de notre inſtitution , où les affections vont ouvrir le champ du bonheur. C'eſt ſur
elles en effet qu'il eſt principalement fondé , parce que
leur attrait ne s'efface point , & que leur charme
eſt de tous les inſtants (1). Elles deviennent donc,
en ce moment , le mobile de l'inſtitution , comme la
félicité morale , phyſique & politique des Eleves en
eſt le but. Notre ſainte Conſtitution eſt , en ce point ,
d'accord avec la véritable éducation , la nature &
la philoſophie : car *qu'eſt - ce que l'amitié* , diſoit
Pithagore , *c'eſt l'égalité.* Les hommes élevés ſage-
ment , & *égaux en droits* , s'entr'aideront , ſe ſup-
porteront , s'aimeront , ſeront heureux à chaque
époque de leur vie , & dès-lors rempliront dignement le noble objet de notre exiſtence.

Ici , ſur-tout , à l'âge où chaque émotion eſt une

---

(1) O mortels ignorants & indignes de votre deſtinée !
il n'eſt pas néceſſaire de traverſer les mers pour découvrir le bonheur ; il peut exiſter dans tous les États , dans
tous les temps , dans tous les lieux , dans vous , autour
de vous , par-tout où l'on aime. *Voyage du jeune Anacharſis* ,
tom. 6 , pag. 459.
J'aime à citer cet Auteur , ſon livre eſt une méthode
vivante.

paſſion , où chaque paſſion eſt un enthouſiaſme ,
empêchons nos éleves de placer leur devoir ailleurs que dans l'exercice de la vertu ; & que l'u-
tilité du grand nombre ſoit la meſure des vertus
& des devoirs. Les mortifications , les jeûnes, les
prieres , ſont des pratiques ſûrement louables; mais
qui n'auroit que ce titre à l'eſtime de la Patrie ,
mériteroit très-peu d'elle : & certes , elle ne com-
parera jamais un aſcétique iſolé , un contemplatif
déſœuvré, au citoyen généreux occupé du bonheur
de ſes ſemblables , donnant l'exemple du patriotiſme , & laiſſant après lui des enfants qui le *con-
tinuent*. Il eſt bon de le buriner dans le cerveau,
& ſur-tout aujourd'hui ; UN VRAI CHRÉTIEN EST
UN CITOYEN OCCUPÉ DE SES DEVOIRS ET DE SES
DROITS. Que la juſtice, l'honnêteté , la pitié, di-
rigent notre vie active , & ſoient les points de
rapport de nos paſſions , & nous n'aurons ni à en
gémir , ni à les calomnier. Quand un deſpote
corrompt l'État , quand l'argent eſt le prix de
tout, la morale & l'enſeignement viendront toujours échouer contre les mauvaiſes mœurs & les
mauvaiſes maximes ; chacun des directeurs de l'o-
pinion publique , propagera, dans le ſens de ſon
intérêt , que la réſignation eſt la ſeule vertu ,
qu'il n'y a point de félicité réelle pour l'eſpece
humaine : changez la cauſe, ramenez l'Etat & l'inſtitution aux principes de l'aſſociation , & , je vous
le jure , vous aurez d'autres réſultats. Non , ſi
tout ne me paroiſſoit pas jouiſſance & plaiſir dans
l'éducation, telle que je la conçois, dès long-temps
j'aurois abandonné ce travail , ne m'en prenant
qu'à moi, & non à la nature qui ne peut avoir
en vue que, notre conſtante félicité.

CHAPITRE PREMIER.

Des Passions.

L'ENFANCE est écoulée, nous touchons à l'a-
dolefcence : il n'y a pas d'inftant à perdre, for-
mons le citoyen ; car à mefure que les confidéra-
tions fociales & harmoniques gagnent d'étendue,
il importe que les affections individuelles diminuent
d'énergie, & que l'homme fe montre moins où le
patriote doit paroître.

Jeuneffe ! âge fortuné, doux printems de la vie,
faifon des longues efpérances, des brillantes imaginations, des fentimens tendres & affectueux !
riante & fuave matinée des jours les plus fereins !
oh, qu'il eft confolant de jetter vers toi un regard de fatisfaction, de partager encore ta joie,
de fourire à ton afpect, de fe reporter en idée
vers ces époques rapides, où tout plaît, tout
flatte, tout enchante ; où la flamme du plaifir nous
pénétre par mille voies ; où chaque mouvement
porte à l'ame ; où les paffions d'un cœur animé,
les élans des paffions les plus nobles, font autant
de fenfations : jeuneffe ! feu célefte, fimulacre
chéri de la plus pure volupté, heureux qui, con-
fervant jufqu'au tombeau le fouvenir de tes jouiffances, de tes agitations mêmes, dans les âges fui-
vants, vif, libéral, franc & courageux, femble
être toujours refté au plus brillant de fa carriere.

Nous devons peut-être aux paffions les plus grands efforts de l'efprit, a dit M. de Vauvenargues : il pouvoit ajouter, & *de la vertu.* S'il eſt donné à des ames fupérieures de faire le bien , parce que leur entendement , qui en admire la beauté , y dirige leur volonté ; les actions du plus grand nombre, plus dépendantes du phyfique , font plutôt mues par les paffions : définiffons-les par le détail de leurs effets. Toute paffion eſt un defir ardent : diminuer les obſtacles , exagérer les reffources , aggrandir les efpérances , augmenter les forces , faire vouloir & exécuter ; voilà ce que produit une paffion dans l'ame qu'elle confume. Jufques-là, on ne peut pas dire qu'elle foit bonne ou mauvaife , elle eſt indifférente ; fa qualification dépendra de fon objet : qui empêche donc de lui en préfenter d'utiles , de nobles , de vertueux ? *C'eſt aimer la vertu*, dit M. Hume, *qu'aimer la gloire que procurent les actions vertueufes.* En effet , pourquoi ôter aux grandes actions leur véritable aliment , féparer la récompenfe du motif qui la mérite , & retirer de la fuite de la vertu , le plaifir qu'on éprouve à la pratiquer. C'eſt peu connoître l'homme , fa fin , & le but de la nature, que négliger les avantages moraux offerts par les paffions irréfiſtibles dans leur premiere violence ; elles femblent , par-là , tenir aux fenfations phyfiques ; fufceptibles d'une direction combinée , elles peuvent , fous ce rapport, être confidérées comme dépendantes du jugement.

L'homme affez bon pour connoître & aimer le bien , mais, fouvent, trop foible pour s'élever à la pratique de la vertu, n'a point de pofition plus défirable , que celle qui ne met point fes fouhaits en oppofition avec fes devoirs , & qui ne lui

montre pas fon intérêt dans le mal d'autrui. L'inftitution, telle que je la préfente, me paroît ré-
foudre ce problême le plus intéreffant de ceux qu'a
fait naître l'ordre focial : elle me paroît, dis-je,
déterminer la pofition qui concourt le mieux au
bien de l'individu & à l'intérêt de tous : exclure
ou détruire les paffions viles & égoïftes ; exciter,
aider les paffions nobles & généreufes ; mettre
pour premier prix aux plus grands facrifices, l'ef-
time générale, & tout s'opérera fans efforts : les
richeffes perdront leur influence pernicieufe, & la
mefure de la confidération publique fe rétablira. Les
vues de l'Inftituteur, femblables, dans leurs efforts, à ces prodiges de méchanique qu'un feul
reffort caché fait mouvoir, feront d'autant plus
remplies, qu'il femblera moins les diriger. Les Difciples feuls conduiront toute la machine ; le mobile
de l'exemple, cette crainte de la fingularité, tour-
née ici au profit des réglements du Légiflateur,
compenfera tout le mal qu'elle leur a fait depuis
l'établiffement des fociétés.

Je choifis les paffions pour mobiles, dans cette
feconde partie de l'Éducation, parce que la nature, en les développant à cet âge, femble indiquer l'époque de leur emploi. Mais d'ailleurs, de
même que les principes de la morale ont, dans
la pitié, un fentiment général pour bafe, c'eft
auffi dans la nature de l'homme qu'il faut chercher
un appui aux regles de la fociété ; cet appui fe
trouve dans les paffions, car le patriotifme n'eft
autre chofe que l'amour des Loix, & la paffion
de leur obfervance.

CHAPITRE II.

Partie Scientifique de l'Éducation.

Nos Difciples ont, de quatorze à vingt-un ans, un nouveau feptenaire à parcourir. Le premier principe à pofer eft celui-ci : que toute fcience dont le centre de rapport n'eft point le bonheur de l'humanité, eft une étude inutile, & par-là même dangereufe. Il en eft peu, fans doute, il n'en eft point, peut-être, qui ne puiffe tendre à ce but ; c'eft donc un devoir des Maîtres de les y conduire toutes ; la propreté, les graces, l'élégance, en embéliffant réellement leur fujet, peuvent elles-mêmes avoir trait à ce point, quand elles feront inféparables de cette urbanité extérieure, le premier figne d'une ame bienveillante.

Le fecond principe, & qui doit faire le principal talent des Maîtres, eft de diftinguer à quelle fcience, particulierement, eft propre tel ou tel Difciple. Les fciences s'attirent, dit Rouffeau : oui ; mais les difpofitions du Difciple doivent en indiquer une fpécialement ; les autres alors ne font qu'acceffoires ; elles deviennent, en ce cas, les branches du tronc qu'il embraffe. N'imitons pas ces inftitutions, où, fans avoir égard à la différence des efprits, les éleves, pouffés tous uniformement vers un point d'études identique, s'épuifent en efforts inutiles, atteftent, par leur inaptitude,

l'impéritie des Maîtres , & rendus à la société ;
ou font voués à la médiocrité , ou perdent, à
s'inftruire fur nouveaux frais, le temps deftiné à
l'emploi des inftruﬁions précédentes.

Comme on voit , dans un beau jour d'été ,
l'Aigle audacieux, s'élançant de fon aîle , préfenter
fes petits à l'afpeﬁ du foleil , & n'adopter pour
fiens que ceux qui peuvent en fupporter l'éclat ;
ainfi le Maître habile , préfentant fes Eleves à la
lumiere des Sciences , difcernera facilement ceux
qui s'animent à leurs feux, fans en être éblouis :
fi à l'ouie des prodiges opérés par l'éloquence
des Demofthene & des Cicéron ; fi , à la leﬁure
des plus beaux morceaux de Virgile , de la neu-
vieme Élégie de Tibulle , de l'inimitable Iphi-
génie , vous les voyez treffaillir , fi leurs yeux
s'humeﬁent de ces larmes que le cœur feul fait
verfer ; ou fi , dans l'étude des fciences exaﬁes ,
leur efprit infatigable dévore les fragments aban-
donnés à leur curiofité ; fi les trophées , élevés
par les Buffon , les Linné, les Clairaut, les Pafcal,
les Caffini , les Newton , éveillent vos Difciples
avant le jour; fi les noms des Grands Hommes,
dont s'honore la France , aiguillonnent leur jeune
amour - propre , ne doutez plus de leur defti-
nation ; eux feuls font les vrais adeptes des Sciences : appellés par la nature à la connoiffance de
fes myfteres , c'eft à eux encore qu'il appartient
de lever le voile dont elle les couvre.

Inquiet, agité , avide de toutes les connoiffances
nouvelles , l'efprit quitte les langes de l'enfance.
Le moindre pas , la plus petite découverte pique
la curiofité de l'Eleve. Quelques difcours relatifs,
quelques traits intéreffants , jettés çà & là , ache-
vant de l'enflammer : ce n'eft plus lui , les

jeux font oubliés ; voyez - vous ces jeunes gens fi folâtres , fufpendus à la voix d'un Maître chéri , s'imboire de fes leçons ; foutenus de fes confeils, s'avancer d'eux-mêmes ; animés, tantôt par fes foins, tantôt piqués par fon indifférence , s'encourager entr'eux ; &, comme un corps fain & robufte prouve par fes forces qu'il s'eft approprié fa nourriture , témoigner par leurs difcours, que leurs efprits n'ont pas feulement reçu, mais qu'ils fe font affimilés & le précepte & l'exemple. Tout le travail de l'Inftituteur , dans ce temps d'ardeur générale, eft moins d'ordonner que de guider.

Je l'ai dit , & il eft bon de le répéter , que le but de l'inftruction foit l'utilité commune ; peu importe enfuite comment vous en déterminerez les éléments ; l'effentiel, en ce point, eft de confulter le Caractere National. Voici le plan que je croirois convenable à mes Compatriotes :

La premiere année feroit employée, pour tous, à former le raifonnement & l'expreffion. Un abrégé court & clair des principes de Logique & de Rhétorique feroit le premier livre à apprendre , &, pour ainfi dire, le patron de Théorie. Ces principes feroient enfuite appliqués à la lecture, puis à l'analyfe raifonnée des *Tropes* de *Dumarfais* , de l'*Emile*, des *Plaidoyers* de *Mauléon*, des *Oraifons* de *Cicéron* & de *Demofthene*, de quelques *Difcours* à l'*Affemblée Nationale* , & de l'*Hiftoire* des *Calas.*

La feconde année feroit confacrée à l'*Hiftoire Naturelle*, l'*Aftronomie* , l'*Algebre* & la *Chimie*. Les riches *Defcriptions* de M. *de Buffon* , la *Contemplation de la Nature* de *Bonnet*, les *Opufcules* de *Spallanzani* , les divers Ouvrages fur l'*Electricité* , *Dictionnaire* de *Bomare* & la *Minéralogie, Macquz,* la *Nouvelle Chymie* & les *Traités Élémentaires des Sciences exactes*, indiqueroient à l'Éleve les divers sentiers qu'il peut parcourir.

Obfervez que pour chacune de ces Sciences, un apperçu, un premier trait bien marqué fuffit ; c'eft à l'âge à développer les goûts, & à fixer, à cet égard, la mefure des talents du Difciple. Doit-il être Aftronome ? il s'enfoncera par la fuite, avec La Lande, dans les routes céleftes ; adopte-t-il une autre Science ? à la vue du ciel étoilé, il fe rappellera les magnifiques imaginations du fublime Lambert ; & ravi d'admiration en préfence des milliers de foleils dont la nuit étincelle, il fentira fa reconnoiffance envers l'Être-Suprême s'aggrandir avec le fentiment de fa propre exiftence.

Troifieme année : *Poëfie, Philofophie, Leſture : Tragique François*, & fur-tout *Mahomet, Tragédie de Metaflafe, Études de la Nature, Pope, Ydilles* & de l'*Homme ; Xénophon*, chofes mémorables ; *Théocrite, Virgile, Bucoliques* & *Georgiques, Horace, La Fontaine, Phedre, Plutarque*, hommes illuftres ; *Tufculanes* & le *Lévite* d'*Ephraim*.

Tout ce qui parle à l'imagination doit fe deffiner à grands traits.

La quatrieme année fera donnée à l'étude de l'*Hiftoire* & de la *Géographie* ; entre les Auteurs analogues, je choifirois *Chardin, Bernier, Cook, Coxe* & *Robertfon*.

La cinquieme, à l'étude des Principes politiques. La *Déclaration des Droits de l'Homme*, le *Droit Naturel* de *Burlamaqui*, l'*Efprit des Loix*, le *difcours fur l'Economie politique*, & les *Entretiens* de *Phocion*, feront les Livres claffiques de cette année.

Dans la fixieme on étudieroit *Locke, Effai*, & *Condillac* ; enfemble pour la partie critique, les

Recherches fur les Egyptiens, l'*Hiftoire Critique de la Philofophie*, par *Deflandes*, & le *Dictionnaire Hiftorique.*

Certains intervalles fixés, dans ces fix années d'Etudes, pourroient être remplis par la vifite de quelques Atteliers & Laboratoires, par la lecture des Poëfies fugitives de nos bons Auteurs : *Terence*, *Moliere*, & fur-tout *Dom-Quichotte.*

Beaucoup d'analyfe, & peu d'efforts de mémoire, excepté pour les principes.

Enfin la feptieme année, comme celle du fepténaire précédent, feroit employée à la récapitulation des fix autres. Chaque jour ou chaque femaine, le Difciple rapporteroit un cahier abrégé de fes Études : & là, par l'extenfion que chacun donneroit aux fujets qui lui feroient échus, on reconnoîtroit la fcience qu'il préféreroit, & à laquelle il feroit propre ; ce qui feroit atteindre le but de l'Inftitution ; car, encore une fois, jufqu'à vingt-un ans on ne fait que des approvifionnements. Le point eft de les bien faire, & de ne pas prendre pour foi ce qui ne peut fervir qu'à un autre ; certes, ce feroit bien calomnier la nature, que mettre fur fon compte ce nombre infini de fots apparents qui peuplent les Colleges ; hélas ! tel eut été bon Géometre, qui, pouffé vers une étude étrangere, & piqué d'une émulation inutile, méconnut la fcience qui lui étoit propre, & refta toute fa vie médiocre Littérateur.

Avant de paffer à des objets plus effentiels, arrêtons-nous un inftant à confiderer ce que fera, à la fin du cours d'Etudes, l'efprit du Difciple. Introduit dans le Veftibule des Sciences, nous l'avons mis à portée de fe diriger vers telle partie du Temple qu'il affectionnera le plus : orné par la

lecture des meilleurs Auteurs , prêt à lier la con-
noiſſance la plus intime avec eux , leurs idées nobles & riantes doivent avoir élevé ſon jugement,
embelli ſon imagination ; l'examen journalier des
merveilles de la Nature , précieux modele des plus
rares productions du Génie, a dû empreindre ſon
eſprit de ce caractere de véritable grandeur , qui
reſpire dans ſes moindres ouvrages. Comme un
ſol, profondément ſillonné , annonce au cultiva-
teur, dès la premiete récolte, ce qu'il doit s'en
promettre par la ſuite , ainſi les premiers eſſais
font augurer du ſuccès futur de l'Éducation : ne
craignons pas que le nombre des Auteurs , ni la
variété des branches ſcientifiques embaraſſe ſa mémoire ; qu'il ſe pénetre de principes & effleure le
reſte ; en voyant la multiplicité des efforts de
l'eſprit humain , il gagnera d'être exempt de
cette ridicule préſomption qui nous fait , dans les
Colleges , borner le cercle des connoiſſances poſ-
ſibles aux ſeuls Auteurs claſſiques. N'oublions pas
d'ailleurs, qu'une année où le jeu, la table , les
promenades, où tout eſt inſtruction , offre bien des
inſtants pour apprendre : & qu'une Éducation, où
les Maîtres font vos amis, où vos Condiſciples ſont
auſſi vos Maîtres (1), renferme bien des leçons,
des leçons dont aucune n'eſt perdue.

---

(1) Leur nombre en ſera déterminé proportionnellement
à celui des Diſciples, par le Magiſtrat.

CHAPITRE III.

Partie Morale.

Qu'il eſt doux, qu'il eſt conſolant de diriger ſes idées vers la recherche de ce que l'on croit bon, honnête, utile ! quelle heureuſe inflexion à donner à ſes ſentiments ! La paix de l'ame, l'amour de ſes ſemblables, la ſénérité intérieure, en voilà les fruits. Je crois travailler pour l'avantage de la génération qui s'éleve, c'eſt mon eſpoir, c'eſt où je tends ; je ſens que mon but m'encourage, tout me plaît, tout ſemble ſe coordonner avec mes principes. Ah, quelque ſoit le ſuccès de mes veilles, Être bienfaiſant, qui vois couler mes heures ſolitaires, c'eſt de toi, c'eſt de ta main que j'en reçois le prix le plus cher & le moins incertain.

Ce ſont ces diſpoſitions, malheureuſement trop rares dans une vie traverſée & orageuſe, que je voudrois tourner en habitudes pour mes Diſciples ; cet objet une fois rempli, la miſſion de l'Inſtituteur eſt facile. Sur l'Eleve accoutumé aux plaiſirs de la nature, le luxe perdra ſes attraits ; ſur ſon eſprit, droit, juſte, éclairé, la fauſſe logique verra échouer ſes ſophiſmes ; & dans ſon cœur, idolâtre du bonheur, du calme que donne la vertu, quel accès voulez-vous qu'il reſte aux illuſions, aux ſéductions du vice ? Suivons toujours la nature

dans

dans fes divers développements, dans l'âge où les
jeux font les feuls mobiles, l'amufement fut celui
de l'Education ; aujourd'hui qu'une nouvelle exiftence femble développée pour l'Eleve ; aujourd'hui
que fon ame aimante s'attachant à chaque objet,
femble vouloir répandre au dehors la vie dont
elle furabonde ; c'eft par les affections, par le
cœur qu'il faut le conduire.

Les Difciples, au fecond feptenaire de l'inftitution, quitteront le nom d'Éleves, & prendront
celui d'Amis. Toutes les obligatioms attachées à
ce titre fublime, formeront la partie effentielle de
leurs devoirs ; & bien que la vertu ait affez d'attraits pour être fuivie par elle-même, il leur fera
enjoint d'enrichir leurs ames de qualités mora-
les, de s'orner l'efprit, de fe former le cœur,
précifémeht pour plaire aux Amis qu'ils auront
choifis de préférence, & fe rendre plus dignes
d'eux. S'encourager, s'aider, s'excufer même entr'eux, mais fur-tout, facrifier les intérêts de leur
amour-propre à la confidération de leurs Amis ;
telles feront les bafes de leur conduite. Oui, je
le foutiens, il n'eft aucune qualité, aucune vertu
que l'amitié ne puiffe nous donner ; c'eft fur-tout
dans cet âge charmant, où le cœur, encore neuf,
s'ouvre, comme par inftinct, à tout nouveau fentiment, qu'il peut convenir d'y développer celui
qui doit le plus influer fur le bonheur de leur vie :
être aimé, voir fes peines & fes fuccès partagés,
s'intéreffer aux fuccès, aux peines de fon ami ;
ces fentiments profondément empreints dans un
cœur bien élevé, peuvent confoler de toutes privations, doubler toutes nos joies, & faire encore
fourire au fein même de ce que nous appellons
des malheurs.

B

Sans doute, ces idées paroîtront bifares & chi-mériques à quelques-uns : ces gens dépravés, dont la débauche, l'avarice & l'ambition font les ido-les, trouveront ridicule de voir attacher une telle importance à des liaifons que les rapports d'in-térêt leur femblent toujours fuffifamment fuppléer. Les malheureux ! privés des plus doux plaifirs de la vertu ; comment pourroient - ils raifonner jufte fur ce qui les compofe ? C'eft dans la retraite, dans la folitude, dans le calme d'une vie cachée, qu'on éprouve à quel point un ami nous eft cher. De toutes les paffions, c'eft celle que l'habitude n'émouffe pas ; au contraire, c'eft quand la date d'une liaifon heureufe remonte à notre premiere jeuneffe, que la vue de fon objet nous rappelle fans ceffe l'époque de fa naiffance, fixe pour nous cet âge fugitif, & femble joindre, dans l'amitié, à la folidité de l'âge mûr, la candeur, l'ingénuité de l'aurore de notre vie ; fouvent, feul avec la Nature, j'ai fenti cette vérité, ce befoin d'aimer nous attache même aux chofes infenfibles : mes li-vres me font chers, & ceux que j'ai lu davantage font auffi ceux que j'aime le plus.

Un des grands obftacles que l'amitié trouve dans le monde, c'eft lefprit du monde. Cet efprit ifolé concentre les affections, &, fous l'image de l'or-dre, laiffe à l'avarice la plus libre latitude : » *cet homme eft bien mon ami depuis trente ans, il ne m'a rien demandé* ». Que de liaifons ne vont pas au-delà ! Cette gangrene d'une affection généreufe fera foigneufement évitée dans notre inftitution, où tout fera commun entre les Difciples. Point de ces jouiffances exclufives, qui n'ont fouvent d'autre mérite que d'exciter l'envie ; point de pécule par-ticulier, nul intérêt, enfin, qui puiffe diftraire de

l'intérêt général. Cette plante vénéneuse déra-
cinée, les affections douces & humaines croissent
& s'étendent en liberté. Plus rapprochés de l'âge
des Maîtres, bientôt les Disciples s'accoutumeront
à ne les voir que comme leurs premiers amis :
dirigés par des leçons que devancent leurs penchants, bientôt ils aspireront après l'instant mé-
morable où le sentiment qui les lie à leurs Con-
disciples les embrâsera d'amour pour la société,
pour la SAINTE CONSTITUTION qui la protége,
& les rendra les dignes émules de leurs Peres,
dont ils font l'espérance. Puisse cent fois un véritable amour-propre, leur dire tout bas qu'ils les
surpasseront, & les engager par-là à les surpasser
en effet. Amitié, flamme sacrée puisée au sein de
la Divinité ! qui peut être insensible à tes char-
mes ? Quel Législateur pourroit te négliger ? Le
cœur où tu regnes ne meurt point, & la société
que tu fondes ne vieillit jamais.

CHAPITRE IV.

Suite & Développement.

JE ne le dirai jamais assez, c'est dans les cours,
dans les promenades, dans les jeux, que se pren-
nent & donnent les meilleures leçons : le fayon du
jeune Cyrus y reparoît sous toutes les formes (1).

______

(1) *Voy.* Montagne & Cyropedie de Xenophon, liv. 1
pch. 3, §. 14.

Etudiez les caraĉteres, l'un eſt vain de ſa ſcience ; n'entretenez vos Éleves, dans la gymnaſe, que des attraits de la vertu ; amenez adroitement l'éloge de quelques-uns d'entr'eux ; honteux d'être oublié ce prétendu ſavant ſentira avec dépit le vuide de l'acquit ſcientifique qui le réhauſſoit ſi fort à ſes yeux ; & guidé par votre opinion, ſe tournera bientôt vers une ſorte de gloire plus ſolide ; c'eſt ici le lieu du précepte, ſa volonté a prévenu vos avis, il eſt temps de les lui donner, vous êtes ſûr qu'ils ſeront bien reçus. Un autre ſemble fier de l'opulence paternelle : aimez le pauvre, parlez-en ſouvent, louez-le de ſon indigence, comme ſi elle étoit de ſon choix ; faites raiſonner vos jeunes gens à la maniere de Socrate, ſur ce qui conſtitue les vraies richeſſes, conduiſez-les à avouer que l'or & l'argent n'y peuvent être comptés, puiſqu'ils poſſedent leurs poſſeſſeurs. Sans ordre apparent, & laiſſant à votre diſpoſition ce qu'exigent les circonſtances, cette méthode vous met à même de conduire à votre gré les Diſciples dans toutes les routes des vertus ſociales, de les en inſtruire, de les en impregner ſans cet appareil d'enſeignement qui, par fois, en fait manquer le but.

Des habitudes que vous créerez à cet égard, je vois ſortir l'effet précieux d'attacher inviolablement à cette probité intérieure qui ſupplée aux loix. Toute ame dont les paſſions ne ſont pas viciées, les inclinations déréglées, toute ame frappée continuellemnnt de l'image du beau & de l'honnête, ne ſe dira pas, *cela peut-il m'être utile* ; rien n'eſt utile pour elle de ce que n'approuve pas la conſcience : » l'honnête eſt toujours utile, dit » M. Dejancourt, & l'utile qui n'eſt pas honnête, n'eſt » utile qu'un moment » ; il ne l'eſt jamais. Ce

feroit peut - être ici le cas de déduire les avantages , tant généraux que particuliers , de cette
probité intérieure : comment , paſſant du dernier
membre au premier chef, elle devient le lieu reſ-
pectif & indiſſoluble de l'un & de l'autre ; comment ces réſultats s'appliquant naturellement à la
vie civile , la conſcience d'une foi intégre &
immaculée devient récompenſe , & le remords de
l'avoir violée , un ſupplice ; mais ces recherches
feroient la matiere d'un Traité particulier que ne
comporte pas notre Eſſai.

Il n'eſt point de vertu , point de paſſion qui
ſoit étrangere à l'homme ſocial ; les Diſciples doivent donc les connoître toutes. Une ſorte de tact ſûr
doit leur dire juſqu'où il faut aller, où il faut
qu'ils s'arrêtent. Parlez, tour-à-tour, à leur raiſon
& à leur cœur , accoutumez-les aux définitions ,
c'eſt la ſcience de l'eſprit juſte. Queſt - ce que la
Juſtice ? La conformité de ſes diſcours , penſées ,
actions , avec le bien public, les loix du pays,
& le cri de la conſcience.

La *Modeſtie* eſt la fille du ſavoir. La *Prudence* eſt
cette tranquillité de l'ame , à l'aide de laquelle elle
conſidere les effets principaux & acceſſoires de ſon
action ou de ſon inaction, dans un cas donné, &
ſe détermine à l'un ou à l'autre : la *Prudence* eſt
une Vertu.

Le *Courage* eſt cette force de l'ame qui nous fait
tendre invinciblement vers le but que nous nous
propoſons, ſans nous embarraſſer des obſtacles ou
des dangers.

Qu'eſt - ce que l'Univers? L'Ordre (1). Qu'eſt-ce

____

(1) Voyage du jeune Anacharſis.

que la Mort ? Le dernier Prix. Qu'eſt-ce que Dieu ? Le premier Pere. Qu'eſt-ce que la Patrie ? La premiere Mere.

L'Inſtruction par les faits , eſt tout autrement fructueuſe encore dans l'âge de l'imagination. C'eſt à l'imagination qu'elle s'adreſſe. Pour le choix des exemples , toutes les hiſtoires vous ſont ouvertes. Songez ſeulement que vous parlez à des cœurs paſſionnés , & prenez la langue de la paſſion pour vous en faire entendre. Je n'en citerai qu'un ſeul récent & bien avéré : le 23 février 1782 , le village de Vélaine , en Barrois , fut incendié ; le Prince de Ligne y paſſant avec le Prince Charles , ſon fils , dans le temps du feu , fit arrêter , deſcend , & vole au ſecours , ſuivi & imité par ſon fils , encore jeune. Ces Voyageurs humains ne repartirent qu'après l'extinction totale de l'incendie ; le Prince de Ligne remit 25 louis au Paſteur du lieu , pour le ſoulagement des malheureuſes victimes : à l'inſtant du départ , le Prince Charles fut arrêté par une vieille femme , qui ſe jetta à ſes pieds , fondant en larmes , toute ſa chaumiere étoit conſumée ; ému , pénétré , le jeune homme , faute d'argent , tire ſa montre , & la lui donne ; ſon pere le remarque , & lui dit , avec le ſentiment de la plus vive ſatisfaction : *Bien, Charles.* Quel pere ! quel fils ! quel diſcours !

C'eſt de ces traits , & de ceux qui leur reſſemblent , que doit être compoſé le Cathéchiſme de l'honnête homme , & celui des Diſciples.

Après leur avoir développé les principes de l'éternelle Juſtice , un des plus ſaints devoirs de l'inſtitution , eſt de leur en faire pratiquer les actes. Depuis long-temps animés par vos diſcours , excités par leurs lectures , & l'enthouſiaſme de leurs

affeĉtions , leur jeune cœur brûle d'impatience de
fe fignaler ; l'honneur d'être bienfaifant eft le premier qu'ils ambitionnent. Nourriffez ces defirs fa-
lutaires : quand iront-ils vifiter, foulager le pauvre , lui donner non de l'or , non de l'argent ;
mais ces foins touchants que rien ne remplace,
mais ces douces effufions de la compaffion , de la
naïveté, les vertus de la jeuneffe : c'eft un vieillard
exténué de fatigue , de befoins & d'années , c'eft
fur fes bras débiles feulement qu'eft fondée la fub-
fiftance de fa famille ; fa fille , encore foible , n'a
pas trop de toutes fes forces pour aider une mere
infirme ; faifons une bonne œuvre , partons de-
main , allons cultiver & enfemencer fon jardin ;
nous nous en partagerons les quarrés , nous y fe-
merons les légumes que nous acheterons, & nous
dînerons avec lui. Le projet eft accepté avec ac-
clamation , la veille on ne dort pas d'impatience ,
dès cinq heures du matin on eft fur pied ; nous
partons en chantant , le rateau , la bêche fur l'é-
paule , les arrofoirs & les facs de femences à la
main. On court , on vole , on arrive : « ô bon
» Pere , vous ne vous fatiguerez point aujour-
» d'hui , nous venons faire votre ouvrage , nous
» ferons tout, repofez-vous , à votre âge il en eft
bien temps ». Le vieillard nous bénit avec atten-
driffement ; fa compagne , malade , fe fouleve &
pleure de joie ; rouge de pudeur & de reconnoiffance , la jeune fille fe tait. Nous nous met-
tons au travail, chacun s'inftruit ; la gaieté , la fa-
tisfaĉtion intérieure , les faillies nous excitent ; le
foleil eft aux deux tiers de fa courfe , tout eft
achevé. Le dîner fuccede , l'appetit gagné par le
travail, le contentement d'avoir bien fait y préfident : il faut entendre les remerciements du vieux

payfan , les éloges de la mere, comme ils enflam-
ment mes bons Amis, peut-être auffi le filence de la
jeune fille. Chacun fe promet de revenir , de ne
pas laiffer perdre les fruits de fes peines, on nous
y engage ; ces bonnes gens femblent rajeunis, tant
eft puiffant l'empire de l'humanité: nous retourne-
rons enfin , comblés de leurs bénédiétions, le cœur
enivré des plus purs plaifirs que l'homme puiffo
goûter. Ah! mon ami, me difent mes Difciples en
m'embraffant, « ce jour fera un des plus beaux de
» notre vie ».

Faut-il dire que c'en eft un de récréation & d'inf-
truétion ?

CHAPITRE V.

De l'Étude des Tempéraments.

L'HOMME eft un être double ; les affinités du
phyfique avec le moral font réelles ; ce feroit raifonner faux, qu'en négliger l'examen, ainfi que ces
rapports importants que les diverfes fituations de
l'homme en fociété, & la différence des tempéraments font varier.

Nos goûts dérivent en partie de notre conftitution phyfique. L'homme fanguin , l'homme bi-
lieux , le flegmatique , ne peuvent avoir les mêmes
goûts, les mêmes paffions, dans la même intenfité;
la maniere de les diriger ne doit donc pas être la

même. Dans la société, cette variété de caracteres
eft encore plus fortement prononcée ; les vices
de l'un font des erreurs, ceux de l'autre font des
crimes. Dans un homme colere, la patience eft
une vertu ; dans un homme froid, à peine eft-elle
une qualité. L'homme fanguin s'irrite & s'appaife
facilement, fes fautes ne durent pas ; l'homme bi-
lieux porte dans toutes fes actions l'opiniâtreté
profonde qui les détermine.

Etudions donc les tempéraments de nos Difciples, connoiffons - les parfaitement : tel a befoin
de frein, comme Ariftote ; tel autre d'éperon,
comme Xénocrate; alors, dans toute pofition donnée, nous pourrons dire d'avance ce à quoi les
pouffera leur caractere ; alors nous en exigerons
fpécialement ce dont il eft capable : nous ne
demanderons point à Parménion les qualités d'A-
lexandre ; alors enfin, comme les lignes phyfiques
qui les claffifient ne font pas inflexibles, & qu'il
peut importer de donner à l'un, les paffions de
l'autre ; c'eft au Maître à favoir à propos, par
l'accoutumance, c'eft-à-dire, l'éducation, rappro-
cher les variétés, adoucir les contraftes, & con-
fondre les nuances, pour obtenir enfuite de ces
caracteres ainfi préparés, &, pour ainfi dire,
travaillés, les réfultats qu'il a droit d'en attendre.
Ce que Socrate, né avec des penchants dépravés,
a fçu faire fur lui-même, il faut qu'ils le faffent
fur leurs Difciples; qu'ils les plient à la vertu, &
les habituent à facrifier l'attrait d'un defir à fatis-
faire, à l'honneur d'un devoir à remplir. C'eft
quand, par ces divers mobiles heureufement ménagés, vous les aurez ainfi fubjugués, qu'à votre
gré, comme je l'ai dit ailleurs, vous donnerez le
change à leurs paffions. L'influence du moral fur

le phyſique eſt par-là clairement démontrée, puiſ-
que la réflexion peut arrêter l'appetit, & déterminer la volonté. J'ai connu, à cet égard, un jeune
homme qui, piqué d'une généreuſe émulation,
mettoit en ſorte de défi avec lui - même, de ré-
ſiſter à ce qu'il déſiroit davantage; il en acquit un
tel empire ſur ſes penchants, que jamais il ne les
ſuivoit avant de s'être convaincu qu'il lui étoit
utile de les ſuivre. La crainte de perdre la vie eſt
ſûrement une des ſenſations les plus indépendantes
de la réflexion; & cependant, combien d'hommes
ont vu la mort, ou le danger imminent de ſang-
froid ? Canius Julius ſur l'échafaud, tend, dit-il en
riant à un philoſophe ſon ami, tous les qualités de
ſon ame, pour examiner l'inſtant de ſon départ :
la bombe de Charles XII, le boulet de Frédéric,
la médecine d'Alexandre ! Les claſſes inférieures de
la ſociété offrent peut-être encore de plus riches
exemples : le vice hideux eſt ſouvent à découvert
dans le Grand qui dédaigne, & la vertu ſans faſte
chez le pauvre qui l'ignore.

Quelque ſoit le tempérament d'un Diſciple, la
regle générale, & qui ne ſouffre point d'excep-
tions, eſt de le fortifier par l'exercice, comme d'en
perfectionner les ſens organiques par la ſobriété.
Un homme ferme, robuſte & bien organiſé, offre
des reſſources ; il n'y en a point chez un être qui
n'eſt occupé qu'à s'empêcher de mourir. Le projet
de Diderot eſt - il impraticable ? Seroit - il im-
poſſible d'exercer chaque ſens ſéparément, de les
exercer enſuite réunis ; & alors quels ſeroient les
effets de cette méthode ? Rappellons-nous que la
fineſſe des ſens que l'on a, ſupplée quelquefois à
ceux qui nous manquent. C'eſt un toucher clair-
voyant que celui de l'aveugle de Puiſeaux, que

celui de Saunderſon ; mais un exemple plus étendu, voyez les Sauvages ; quelle fineſſe dans la vue ! quelle ſagacité dans l'odorat ! Suppoſez-leur un inſtant tous les ſens à ce dégré de perfeƈion , & placez-les dans la ſociété ; vous jugerez de quel côté ſeroit la ſupériorité. Peu de beſoins , beaucoup de reſſources, c'eſt ce qui conſtitue la force : c'eſt ce que peut donner l'inſtitution d'accord avec la nature.

J. J. Rouſſeau veut que l'exercice trompe les paſſions naiſſantes de ſon Diſciple : nous ſuivrons ſon précepte ; & pour le faire concourir avec le nôtre , touchant le perfeƈionnement des ſens , ce ſera à cette époque que nous ferons marcher , *comme de front* , la Gymnaſtique , la Muſique , l'Art Oratoire , & généralement tout ce qui peut développer les organes, la ſenſibilité , le taƈt, le goût , le ſens interne, le ſentiment du beau. Digne & vénérable ami de l'illuſtre Génévois ; amant, diſciple de la Nature, vertueux Saint-Pierre, c'eſt avec toi que, feuilletant ton vaſte modele , nous irons ſentir plutôt qu'approfondir la ſcience des contraſtes, des harmonies, de conſonnances, nous chercherons à découvrir les rapports des êtres entr'eux , leur coordonnance dans l'Univers. Les trois regnes étendront à nos yeux les merveilles de la création, & le ſentiment de notre reconnoiſſance ; tout ſera pour nous jouiſſance ; & dans nos plus doux plaiſirs nous compterons avec toi l'analyſe du Fraiſier qui paroit ta fenêtre , la vue du Rocher rembruni , où flottent en longues touffes les ſcolapendres & les capillaires , & ſur-tout l'image mélancolique & douce de cette Roſe, qui, dans l'incarnat de ſes pétales , cache la cantharide d'émeraude.

J'a parlé de la Mufique, non de celle qui con-
fifte à plaire à l'efprit de l'auditeur, & à l'amour-
propre de l'artifte, par le mérite de la difficulté
vaincue ; mais de cette langue accentuée, dont les
phrafes fourdes ou fonores éveillent la trifteffe ou
la fierté ; mais de ces modulations expreffives, de
cette harmonie imitative, tour-à-tour mâle ou touchante, qui peint à l'imagination, & ne flatte
l'oreille que parce qu'elle parle au cœur. Hécube
défolée, Niobée ftupide de douleur, Alexandre à
Babylone, la vertu dans le malheur, ou triom-
phante, la mere de famlle dans l'infortune, ou
dans le calme de la vie domeftique, l'enfant, le
jeune homme, la jeune vierge, tous ont leur
ton, leurs inflexions, l'accent de leur fituation,
l'accent propre à la paffion actuelle ; c'eft en étu-
diant le cri de la nature, que nous faurons le rendre,
& produire dans l'ame les fentiments que ces
images doivent y réveiller.

La Mufique & la Poëfie font fœurs ; nous ne
les féparerons point. « La penfée, dit Montagne,
» preffée aux pieds nombreux du rythme, fort plus
» énergique, & me fiert d'une plus rude fecouffe ».
Nos Amis, par la lecture de nos Poëtes, & les
impreffions muficales, s'exciteront à rendre leurs
émotions dans cette langue mefurée & pittorefque,
que le cœur, l'amour & le plaifir ont inventée.
Que leurs fons, leurs chants animés, leurs difcours, leurs hymnes, foient des couleurs, des
images, des tableaux.

Un dernier point qui complette l'harmonie intérieure, eft la confonnance extérieure. Les Difciples
fe baigneront tous les jours, s'il eft poffible. La
propreté, cette emblême de l'ordre, je ne dis pas
l'attiferie, la décence du maintien qui n'en exclut

pas l'aifance , leur feront fcrupuleufement recommandés. On éprouve un fentiment pénible à la vue d'un enfant qui, par des graces de l'âge , femble fouffrant & dégradé fous un extérieur en défordre. Bien entendu cependant que ce précepte eft fubordonné à celui de la liberté dans les jeux & les exercices ; tachez donc d'accorder l'un avec l'autre, & pour cet effet, choififfez la forme d'habillement la moins gênante , la plus convenable au développement des proportions du corps , ce fera auffi celle qui remplira votre but (1).

CHAPITRE VI.

De la Religion.

DANS les contrées de l'afferviffement , la Religion rabaiffant au niveau le feul qui foit élevé , confole les efclaves : c'eft un frein , dit Montefquieu, que le defpote blanchit d'écume ; le Muphti a

(1) L'habillement françois peut être très-élégant ; mais il n'eft pas celui dont je parle. J'adopterois volontiers la culotte turque , le brodequin, une foubrevefte à manches étroites, avec la ceinture allemande, la chemife à col frifé , fans ces fuperbes liens de mouffelines qui cachent les maux de gorge dans leurs plis. Dans les occafions de parure , un manteau à la romaine attaché fur l'épaule , & retrouffé fur le bras, ou dans la ceinture.

plus d'une fois balancé le Sultan ; l'hypocrisie d'Au-reng-Zeb lui servit, dans l'esprit des Mogols, autant que ses victoires, pour effacer la tâche de son parricide.

Dans les circonstances actuelles, la vraie Religion ne peut que gagner ; la lumiere des sciences se répand tous les jours, & la science modeste est le plus ferme appui de la Religion, comme les ténebres de l'ignorance sont la sauve-garde de la superstition, son ennemie. C'est par la science que s'augmentenotre gratitude envers l'Être-Suprême ; son doigt créateur est empreint dans ses moindres ouvrages ; & le culte que nous lui rendons se proportionne naturellement à la mesure des notions que nous pouvons avoir de son essence : l'antrópomorphite croit saluer un supérieur ; la femme l'aime ou le craint ; le superstitieux en a peur ; pénétré de son immensité, au nom de Dieu, Newton se prosterne.

Envisagée politiquement, toute Religion peut se nommer le *frein des délits secrets* : vue moralement, c'est une reconnoiffance envers l'Etre - Suprême. Je n'entrerai point ici dans un examen de controverse, tendant à prouver, ou à refuter ce qui l'a été cent fois ; je dirai seulement, si l'ordre de l'Univers annonce une intelligence suprême, cet Etre doit être juste ; si Dieu, est juste, l'homme créé libre dans son choix, dès l'instant qu'il devient membre du corps social, mérite ou démérite, est criminel ou vertueux, a droit d'attendre récompense ou punition ; il est donc une vie pire ou meilleure ; homme pauvre, homme infortuné, tes maux en sont la preuve ; homme riche & dur, tes jouissances le témoignent.

Ampliat ætatis spatium sibi vir bonus, hoc est
Vivere bis, vitâ posse priore frui. Martial.

Que nous importe-t-il à nous dans l'inſtitution ? Non pas de circonſcrire toute opinion , toute idée , dans un cercle . *hors duquel point de ſalut* , mais de les fixer à un point eſſentiel, que tous puiſſent ſaiſir dans tous les temps. Les préceptes de l'Evangile & la vie de Jéſus , ſi ſupérieure à ces préceptes , tels feront nos modeles , nos points de rapports : nos modeles, dis-je , car nous nous contenterons de les offrir au diſcernement, à l'amour de nos Eleves. Loin d'ici ces méthodes coactives , qui croyent commander à la volonté , comme elles ont aſſujetti les dehors ; loin ces fanatiques convertiſſeurs qui vous parlant ſans ceſſe de feu , de flammes , de Dieu irrité , auroient grand regret que tout cela n'eut pas lieu , & dans leur béate colere , reſſemblent au diable qui gourmande un réprouvé. La charité , la patience , telles font les vertus de l'Evangile ; c'eſt par elles ſeules , par l'exemple de la vie paiſible donnée à ſes ſectateurs, qu'il doit ſe propager. Aimons l'homme s'il eſt humain ; ſi ſa religion n'eſt pas la vraie , aimons-le d'avantage encore , car toute erreur eſt à plaindre ; mais ſurtout , répétons chaque jour à nos Diſciples, que l'on peut être juſte , bienfaiſant , citoyen , & ne pas penſer comme nous. Mortels coupables ou foibles , ah ! laiſſons à ce Dieu de ſouveraine clémence à juger nos fautes , & n'ajoutons pas à leur poids nos aveugles jugemens (2).

---

(1) L'homme qui couvre ſa tête d'un chapeau eſt le frere de celui qui la ceint d'un turban. *Phil. de la Nature,* tom. 7.

CHAPITRE VII.

De l'Age de 18 ans.

DANS l'âge où la plus douce & la plus terrible des paffions s'éveille dans le cœur de l'homme, n'eft-ce pas compromettre & fes leçons, & l'intérêt de la fociété, qu'en abandonner la direction au hafard, aux circonftances ? Pourquoi votre infouciance laiffe-t-elle aux loix la peine de réformer ce que des penchants dépravés ont imprimé dans l'ame ardente de vos Difciples ? A quel temps, à quelles bouches donc ces Maîtres d'éducation renvoyent-ils une pareille inftruction ? Peuvent-ils fe diffimuler les inconvéniens terribles, & peut - être irréparables, pour qui la reçoit par ces voies couvertes de la corruption, fi propres à flatter une jeuneffe fans expérience ? Ou s'ils fe repofent de ce foin délicat fur la nature elle-même, ont-ils calculé jufqu'à quel point la fougue d'un tempérament brûlant peut emporter un jeune homme en délire, qui n'a à franchir que les foibles barrieres de ces lieux communs de morale, employés indiftinctement pour tous les âges ?

> *Quid juvenis magnum cui verfat in offibus ignem*
> *Durus amor ?* . . . . .

Ne donnez pas le temps aux fens éveillés d'anéantir le fruit de vos leçons, en les prévenant : une bouche
chafte

chaſte & pure n'offre jamais rien d'obſcene à l'i-
magination , quelques ſoient ſes diſcours : parlez
d'amour à vos Eleves ; puiſqu'ils doivent en connoître la loi, qu'ils ſachent eſtimer ce divin inſtinct
qui pouſſe un ſexe vers l'autre ; que la vertu prenne
ſon langage le plus ſublime pour leur développer
l'origine & les effets moraux des treſſaillements
qu'ils éprouvent; & que, par la ſuite, lancés dans
le monde, le cœur pénétré de vos céleſtes images,
ils n'en reconnoiſſent les modeles qu'aux traits dont
vous les aurez dépeint. *L'Amour*, dit un philoſophe, *eſt la vertu ſous un nom plus gai* : cette défini-
tion eſt juſte & touchante ; & le cœur dépravé
qui, pour plaire à ſa jeune amante, n'a point re-
gardé les ſentiments honnêtes comme le plus ſûr
moyen, jamais n'a ſenti cette paſſion noble, cette
ivreſſe d'affection, le mobile des grandes choſes,
le charme de la vie privée ou publique. Amour !
union des ames, ſentiment conſolateur, toi qui
doubles & perpétues notre exiſtence, non je ne né-
gligerai point ta magie puiſſante, ni tes précieux
reſſouvenirs ! Je veux que mes jeunes amis jouiſſent
du bonheur que j'ai goûté ; maintenant que l'auſtere
réflexion m'ouvre une carriere moins riante , je
n'oublie point que mes jours heureux, tu les a fait
naître ; qu'aujourd'hui mes douces rêveries viennent
encore de toi; que de cette vie domeſtique, hélas,
trop tôt paſſée pour moi , le charme t'en eſt dû.
L'homme n'eſt pas né pour vivre ſeul; l'homme de
bien doit à la ſociété une poſtérité qui le remplace ;
il doit ſupport, appui , protection à cette créature
aimante & foible, qui lui porte , en échange de ſa
force , l'hommage de ſon exquiſe ſenſibilité. Mais
ces devoirs d'époux & de pere, c'eſt au penchant
à les dicter , c'eſt quand il les dicte qu'ils ſont

doux à remplir. Que de fois , dans les longues foirées d'hyver, feul avec la compagne que le fort m'a enlevée , je jettois un coup-d'œil fur ma vie paffée, fur les inftructions que j'avois reçues , fur mes erreurs même, qu'avec plaifir je m'arrêtois aux commencements de notre union , le rapport des cœurs l'avoit formée ! je difois, j'ai des enfants , nous les éleverons, leur éducation fera notre joie, notre plus faint devoir , fur-tout nous nous garderons de flétrir les fleurs de leur enfance ; pourquoi les faire gémir ? qui fait le temps qu'ils doivent vivre ? Inftruits par la douceur & l'amitié, parvenus à notre âge, nous leur laifferons notre réputation, notre exemple ; & fi leurs inclinations font auffi heureufes que la nôtre , il ne nous reftera rien à defirer.... , rien , finon de mourir enfemble. Ces difcours & mille autres femblables , ces projets, nous attendriffoient ; je m'en fentois, non pas meilleur, mais plus porté vers le bien. Déjà minée par la cruelle maladie, ils fembloient ranimer ma vertueufe époufe ; ah ! fans doute , s'il eut plu au Ciel de me la laiffer, j'aurois évité bien des erreurs, & mieux concouru à nos vûes reciproques ! Au moins le tableau de mon obfcure félicité ne me fera point inutile dans les leçons que j'efquiffe : J'ai éprouvé qu'on n'eft heureux qu'en accordant les penchants de la nature avec les loix fociales ; je le dirai, je le publierai , que le lecteur me pardonne d'en avoir pris l'exemple chez moi , je devois ce tribut à la mere de mes enfants, je devois ce foulagement à mon cœur oppreffé ; après un laps de fix ans, fa plaie faigne encore.

CHAPITRE VIII.

Du Sexe.

AVANT d'indiquer la route qui me semble la plus sûre à tenir, depuis cet âge de dix-huit ans, jusqu'à vingt-un, il convient de parler de l'Education des femmes ; car c'est à cette époque qu'elles doivent prendre part à l'Education publique, & offrir pour moyen, à la Patrie qui les surveille, les principes qu'elles ont reçu dans l'Education particuliere.

Les préceptes sur lesquels doit être fondée cette Education, sont ceux tirés de la nature même des femmes, & dérivants du cercle de leurs obligations sociales ; j'en ai parlé dans la premiere partie.

Si j'étois guidé dans mon travail par d'autre desir que celui d'être utile, je donnerois la torture à mon esprit pour trouver une méthode neuve, & sur-tout bien paradoxale, applicable à l'institution domestique ; mais j'avoue sans déguisement, qu'après avoir lu & relu ce que nos meilleurs Philosophes ont écrit sur ce sujet, j'y vois peu de chose à ajouter. Dussiez-vous mettre à contribution tous vos devanciers, l'essentiel, en traitant d'Education, est de présenter un plan qui convienne. Notre po-

fition, dans une Conftitution régénérée, eft neuve :
les préjugés, les ufages reçus, l'autorité du grand
nombre ne doivent pas faire la loi.

Regle générale: foyez aux aguets pour fermer
l'entrée aux vices, & préférez toute méthode qui
les empêche de naître, à celle qui prétend les détruire.

« *Le chef - d'œuvre d'Amour , eſt le cœur d'une*
» *mere* ». Cette idée touchante & noble eft ici
de la plus exacte vérité C'eft le cœur de la mere
qui doit former celui de la fille ; l'auftérité du
précepte manqueroit le but de la leçon, c'eft à la
douce voix de la nature à l'imprimer. S'il étoit un
homme affez mal organifé, affez embrumé des nuages de l'intérêt, pour ne pas comtempler avec at-
tendriffement la mere qui allaite fon enfant ; pour
ne pas fourire à la jeune enfant écoutant, interro-
geant une mere aimante & douce, mettant fes leçons à profit & en referve, timide, fimple & naïve,
ne fe croire en fûreté qu'avec elle ; fi fon cœur,
mort aux fentiments honnêtes, ne s'épanouit pas
en voyant cette fleur naiffante, que la vertu, la
pudeur & les graces environnent, que veille avec
complaifance la tendreffe inquiete de celle qui lui
donna le jour, ah ! qu'il s'éloigne, qu'il porte
ailleurs fon ftupide dédain, jamais il n'a dû lire
l'Emile, ni Sophie fur-tout, Sophie, le livre de la
nature & de la vérité.

L'Inftruction appropriée aux jeunes filles, fuivant
que les différences de la fortune le permettroient,
feroit, pour la partie générale, *la connoiffance des*
Principes Religieux , l'Hiftoire de la Régénération , le
Spectateur. Quant à celles à qui l'aifance laifferoit
plus d'heures à employer, j'y voudrois joindre,
l'itude de la langue Italienne , la connoiffance de la

Botanique , à la maniere de J. J. Rousseau (1), la lecture des Paralleles de Plutarque , nos Tragiques & l'abrégé de nôtre Histoire. Je ne parle pas des talents, de l'art de la décence , du perfectionnement des graces naturelles dans des exercices où présideroient les Meres ; ce seroit tenter d'ajouter à la pratique heureuse de l'Amant de Julie ; un tableau de l'Albane ne doit pas être touché par un Eleve.

Les Disciples à dix-huit ans , les jeunes Filles à quinze ou seize , doivent , dans des occasions publiques , paroître ensemble sous l'œil des meres , sous l'inspection des anciens. Si des desirs inconnus commencent à fermenter dans leur cœur , cette flamme pure déviera vers la Patrie qu'ils auront sans cesse sous les yeux, ils apprendront du moins à ne pas la séparer de leurs affections ; trompés eux-mêmes sur l'objet de leur enthousiasme , ils croiront lui porter leur premier hommage , & ce sera là vue de la beauté qui les excitera à la vertu. C'est des mains de la Patrie , leur dira-t-on , que vous recevrez un jour ces vierges pour compagnes; c'est en chérissant les doux & saints devoirs que la Patrie vous impose , c'est en vous rendant dignes d'être Citoyens, que vous pourrez les mériter , les obtenir.

Les jours où cette réunion s'effectueroit , seroient annoncés d'avance , on s'y prépareroit : pour éviter l'ennui de l'habitude, ces jours seroient adroitement ménagés de loin en loin , & l'espérance embelliroit les intervalles. Là , point de distinction

---

(1) Voyez les lettres sur la Botanique , & vous vous convaincrez combien de considérations tirés de l'ordre moral & social tiennent pour les femmes à cette douce étude.

entre les pauvres & les riches ; les exercices feroient communs à tous ; les chants des jeunes filles
les animeroient, & les applaudiffements des meres
couronneroient les vainqueurs ou les plus adroits.

Cette pratique auroit de plus le bon effet d'attacher à la Patrie par les fils d'airain de l'amour-
propre, cette portion chérie de la fociété que nos
ufages dégradent, que nous plaçons en vue quand
notre frivolité l'exige, que nous retenons fouvent
quand nous craignons le parallele ; à qui nous fem-
blons refufer des qualités utiles, & que nous ra-
baiflons, même en feignant de l'adorer. Les Grecs,
les Romains, penfoient autrement, ce n'eft pas le
tout d'attacher les femmes à la famille, il faut
qu'elles le foient à l'Etat ; feulement ce principe
doit être foumis au premier.

Nos Amis font parvenus à l'âge où l'on preffent
fes droits, mieux qu'à celui où l'intérêt en a
couvert la racine ; ils affifteront aux difcuffions
patriotiques ; & chaque année à l'ouverture des
Seffions adminiftratives ou municipales, en préfence des deux fexes, partagés en deux claffes, ils
feront foigneufeuent examinés : fi j'ai un ami, fi
mon cœur n'eft pas mort, m'hazarderai-je à cette
folemnité devant les meres, devant leurs filles,
devant une maîtreffe enfin, fans être préparé, fans
être sûr de ne pas la faire rougir de fon choix ?

CHAPITRE IX.

Conclusion.

J'ABREGE mon travail dans la crainte que la déduction des corollaires me faſſe perdre de vue les principes. La bienveillance a protégé l'enfance de mes Diſciples , les amuſements les ont conduits alors : l'amitié a ſoutenu leur jeuneſſe , les paſſions utiles ont dirigé leur marche , & par les ſentiments nous avons développé leur réflexion : ſi la mort les ſaiſit , ils n'auront rien perdu des jours qu'ils auront pu vivre , la loi s'en empare , elle les trouvera prêts & fournis.

Le premier ſepténaire a été terminé par la fête de l'ingénuité ; celui-ci le ſera par celle de l'amour & du patriotiſme. Le Magiſtrat a indiqué le jour : c'eſt au mois de Mai ; la terre eſt parée de fleurs , l'azur des cieux eſt à peine ombragé par de lé-gers nuages , qu'un vent d'Orient balaye ou carde comme des flocons de laine blanche ; le ſoleil plus vif ; les oiſeaux ranimés par le printemps ; la nature enfin eſt de moitié dans la fête. Non pa, dans une enceinte de murs , mais en plein champ , à la face du ciel, ſe font les exercices. Après avoir s devant les Citoyens & les vieillards , récapitulé l'analyſe de ſes études, on paſſe au ſecond jour ; jour d'eſpérance & de triomphe, Tous les Citoyens font raffemblés, les meres tenant par la main leurs enfants en bas âge, fe placent & préfident ; précédées d'un chœur de mufique, arrivent les théories des jeunes filles, ornées par la pudeur, & belles comme la nature revivifiée, les prix vont fe diftribuer ; ce ne fera pas, on peut le croire, ces récompenfes faftueufes qu'ambitionne la vanité, que donne par fois la prévention, & que l'envie accompagne ; plutôt cent fois l'obfcurité que d'acheter des talents aux dépens du bonheur : mais quelle fera la nature des récompenfes ? Qu'importe, un ruban, une fleur, indiquent le mérite, & lui fuffifent : les Difciples jugeront, & les vertus feules concourront, voilà l'effentiel. La première, la vertu par excellence eft ce fentiment héroïque qui nous attache à nos devoirs, parce qu'ils font nos devoirs ; & qui nous éloigne du vice, parce que le vice eft hideux. Nos Eleves font trop pénétrés des vérités que, pendant quatorze ans d'inftitution, nous leur avons fait goûter, pour ne pas déférer unanimement le prix de la vertu à un Condifciple indigent. Le riche peut fuivre le bien fans peine : il faut que le pauvre graviffe fans relâche pour l'atteindre. Elevons donc l'ame du pauvre, c'eft quand nos inftitutions vengeront les bifarreries de la fortune, qu'il fentira moins l'inégalité qui le rabaiffe. L'amour filial, l'amitié, la bienfaifance viennent à leur tour ; chaque fois c'eft le vœu libre & toujours jufte des Eleves qui décerne ; chaque fois c'eft la main de la beauté qui couronne : celui qui accorde, celui qui reçoit, celle qui donne, ont tous leur prix ; les maîtres qui contemplent ce fpectacle ont les leurs auffi : l'amour des Eleves, il n'eft pas le moins doux. Jeune Céfil, toi que j'ai vu mourir à la fleur de l'âge, après dix mois de

foins affidus & de veilles pour ta mere malade ;
toi qui , mourant , t'applaudiſſois d'avoir rendu à
la vie , & à tes ſœurs , celle dont tu tenois le jour ,
non , dans cette fête pompeuſe , dans cette fête
de l'Amour , de la Nature , de la Patrie , la Patrie ,
la Nature & l'Amour ne t'auroient point oublié ; le
Magiſtrat , ta Mere éplorée , Julie , ta malheureuſe
amante , euſſent été dépoſer la couronne filiale ſur
ta tombe. Ah ! c'eſt ainſi qu'on ſoulage une douleur
reſpectable , & qu'on nourrit la vertu.

Le lendemain , c'eſt dans le Temple que l'on
s'aſſemble ; des dehors plus impoſants doivent an-
noncer combien eſt auguſte la cérémonie qui va
ſuivre ; l'office religieux célébré , le Magiſtrat ap-
porte le regiſtre civique , & les jeunes gens , re-
vêtus de l'uniforme national , devant le Dieu de la
paix & de l'ordre , portent à la Nation le ferment
ſolemnel de lui demeurer fideles , d'obéir à la Loi ,
la Loi , image vivante de la Divinité ſur terre ,
d'être fidelement attachés au Chef ſuprême de la
Nation , & de maintenir au prix de leur ſang la Conftitution ſociale qui les rend libres. Après s'être
ſoumis à la Patrie , le complément des devoirs du
Citoyen eſt de lui donner les fruits de l'ordre naturel ; trois ans de liaiſons , de connoiſſances ont
préparé les unions ; les nœuds de l'hymen vont ſe
former , les parents , les maîtres , les jeunes gens
les ont concertés ; jamais ils n'auront lieu qu'à cette
ſainte & brillante époque , & nous ne ſéparerons
point , dans leurs cœurs gonflés de joie , ces noms
ſacrés : *Dieu , l'Amour & la Loi.* Imaginez ce qu'ils
doivent ſentir après ſix ans d'attente , de deſirs ,
ce que doit ajouter à leurs douces émotions la
pompe d'un ſpectacle ſimple & majeſtueux , l'eſpoir du Magiſtrat , les larmes de parents , les

félicitations de leurs maîtres, de leurs amis, l'accent fonore, le gefte, le regard embarraffé de leurs jeunes époufes. Oui, je veux que ces inftants d'ivreffe, d'enthoufiafme, faffent à jamais le plus cher objet de leurs affections ; ils les rappelleront à leurs compagnes, & les jouiffances dont la Patrie les aura enivré, ajouteront au prix des jouiffances domeftiques, refferreront l'union que la Patrie aura formée. Comme à Lacedemone, ainfi nous avons été, leur diront leurs peres, ainfi ferons-nous un jour, diront leurs enfants ; cette douce image d'un plaifir paffé le leur rendra préfent, ils croiront revenir à leur jeuneffe ; & leur fenfibilité émue faifira cette belle vérité qui n'appartient qu'à l'ordre focial : ON VIT DANS SES ENFANTS (1).

(1) J'éprouve, en finiffant cet Effai, une fituation de calme & de paix, qui m'affure des fentiments dans lefquels je l'ai écrit. Je n'ai voulu ni médire, ni flatter ; fi je fuis utile une feule fois, un feul inftant, mon but eft rempli. Il me refte à donner, vu la divifion que j'ai été obligé de marquer entre les indigents & la claffe aifée, quelques CONSIDERATIONS fur les PROFESSIONS CIVILES ; mais comme ce dernier ouvrage n'eft lié à celui-ci que de loin, j'ai cru devoir me hâter de completter la partie commencée en octobre dernier ; partie toujours effentielle, mais fur-tout dans la circonftance : le furplus, quoique prêt d'être achevé, doit être fubordonné aux fonctions dont je fuis chargé.

F I N.

20 Novembre 1790.

A L A O N.

DE L'IMPRIMERIE D'AUGUSTIN - PIERRE COURTOIS, IMPRIMEUR DU DEPARTEMENT DE L'AISNE.